Computerspiele
Überlegungen eines Vaters

Tobias Schindegger

WIDMUNG

Gewidmet seien diese Überlegungen allen Eltern, die mit Ihren Kinder das „Computerspiel" als angenehme Freizeitgestaltung erleben wollen. ☺

Inhalt

DANKSAGUNG

Danke an meine Familie, meine Freunde, die mich bei diesem Projekt unterstützt haben. – Ich liebe euch … ☺

Danke auch an die fleißigen Leserinnen und Leser meines gleichnamigen eBooks, die mich ermutigt haben, mich an das gedruckte Werk heranzuwagen.

1.0 Einleitung

Computerspiele – über kein anderes Medium wird so kontrovers diskutiert. Da tauchen gleich Begriffe wie gewaltverherrlichende *„Killerspiele"*, pädagogisch wertvolle Lernspiele in meinem vermeintlich ach so gut informierten Hirn auf. Doch, was weiß ich eigentlich darüber? Müssen Spiele bewahrpädagogisch oder rein als förderndes Gedächtnis- oder Gemeinschaftstraining betrachten werden? Sind nur Spiele gut, die mit anderen gespielt werden können oder Wissen spielerisch vermitteln? Diese Frage wäre selbst mir zu einfach. Auch ich kenne nicht die absoluten Antworten. Ich stelle mir die Fragen und versuche für mich und meine Söhne eine Antwort zu finden, mit der wir alle nicht nur gut leben, sondern auch Spaß am *(Computer-)*Spielen empfinden können.

Dieses Buch ist nicht als Ratgeber zu verstehen. Es soll Einblicke in meine Gedankenwelt eines *(besorgten, aber auch nach Spielspaß lechzenden)* Vaters bringen. Die Betrachtungen sind subjektiv ... aber vielleicht hilft es dem einen oder anderen auf dem Weg seine Antworten zu finden, wie man Computerspielen begegnet, seine Kinder beschützt, den Spielspaß nicht vermiest und vielleicht sogar den eigenen findet.

Also doch ...

Mein Studium habe ich mit einer Diplomarbeit mit dem Thema „Computerspiele – Fluch oder Segen für die Jugend?" abgeschlossen. Mir ging es tatsächlich darum, eine Art Ratgeber für Eltern, PädagogInnen und Medieninteressierte zu schreiben. Damals hatte ich noch keine Kinder. Mittlerweile bin ich selbst Vater von drei Söhnen und bin (*hoffentlich*) reifer an Erfahrungen geworden. Ich weiß, dass ich dem Anspruch eines Ratgebers nicht gerecht werden kann, da ich mich ausschließlich und über viele Langzeitstudien hinweg mit diesem Thema beschäftigen müsste, um anschließend an so etwas wie einen Ratgeber auch nur im entferntesten heranzukommen.

Der Auslöser für die damalige Arbeit war das Massaker eines Schülers am Erfurter Gutenberg-Gymnasium verbunden mit den Sorgen, inwieweit Computerspiele die Jugend negativ beeinflussen.

Im Medienzeitalter sind Computerspiele allgegenwärtig. Ich möchte mit dieser Arbeit weder Computerspiele verharmlosen, noch verteufeln. Sie soll Eltern und PädagogInnen neugierig machen und anregen, sich mit Jugendlichen und dem Computerspielen zu beschäftigen.

Am 26. April 2002, der Tag an dem in Erfurt ein vom Unterricht suspendierter Gymnasiast 12 Menschen tötete und anschließend sich selbst, ist die Diskussion über die Computerspiele neu entbrannt. Bei dem Schüler wurde u. a. das Spiel „Counterstrike" gefunden, was ihn angeblich zu der Tat inspiriert haben soll.

Schnell wurde ein Sündenbock gefunden. Der gutgläubige Bürger konnte aufatmen, die bösen Computerspiele sind an all dem Übel Schuld. Wenn wir dieses Teufelszeug nur verbieten, dann werden unsere Kinder und Kindeskinder ethisch moralisch einwandfrei.

Diese Betrachtungsweise schien mir schon damals und auch heute stark vereinfacht dargestellt. Paradoxerweise zogen viele Pädagogen, Lehrer und Schulsozialarbeiter sofort mit, benutzten diese Annahme als Ausgangspunkt und überlegten, was man tun könne, um sie von den Computerspielen abzuhalten – Alternativen anzubieten. Ein schwerwiegender Fehler, denn die Welt der Kinder bzw. Jugendlichen ist eine Medienwelt. Beachten Pädagogen bzw. Eltern dies nicht,

schließen wir uns aus der Welt der Jugendlichen aus.
Die Konsequenz: Die Pädagogik läuft Gefahr, nicht mehr zeitgemäß zu sein. (Aufenanger 1997, S. 309 ff).

"*Wer sich vor der medialen Welt verschließt, verschließt sich vor der Lebenswelt der Kinder und Jugendlichen. Wir dürfen nicht nur kritisieren, sondern müssen auch aktiv mitgestalten.*"
(Aufenanger 2002, S. 2, Bundeszentrale für politische Bildung "Computerspiele als pädagogische Herausforderung für die politische Bildungsarbeit)

"*Die Deutschen geben schon heute mehr für Computer- und Videospiele aus als fürs Kino.*" (Kulturspiegel 2003, S. 6)

Warum also sollte man sich nicht konstruktiv mit ihnen beschäftigen, statt einfach zu verbieten.

Gabriele Lau vom Verein Medien Cluster Thüringen, Mitbegründerin des Europäischen Zentrums für Spielforschung und -entwicklung in Erfurt: "*Die Entwicklung hin zu digitalen Spielen, zu Computern [...] mag uns gefallen oder nicht. Die Kinder wollen sie, und man kann nicht nur verbieten. Man muss auch anbieten, etwas mit wertvollen Inhalten*" (Thüringer Allgemeine 6.02.03)

2.0 Computerspielarten

Dieses Kapitel befasst sich mit der Frage, was Computerspiele eigentlich sind. Nachdem es solch' ein reichhaltiges Angebot an Computerspielen gibt, ist dies schwierig zu beantworten. Eine Unterteilung ist hierbei hilfreich.

In den 80er Jahren begann man die Spiele in Köpfchen- und Knöpfchenspiele zu unterteilen.

Da diese Unterteilung zu ungenau war, versuchten Fehr und Fritz 1993 die Spiele nach Aufgabenstellung und Dramaturgie in jeweilige Genres zu unterteilen.

Johannes Fromme und Melanie Gecius reichte dies - im Rahmen ihrer Untersuchung zu den Geschlechterrollen in Computerspielen - allerdings nicht aus, so dass sie Computerspiele nach inhaltlichen Schwerpunkten unterschieden.

- Köpfchen- und Knöpfchenspiele
- Computerspieldifferenzierung unter dramaturgischen Gesichtspunkten nach Fehr und Fritz (1993)
- Computerspieldifferenzierung nach inhaltlichen Schwerpunkten nach Fromme und Gecius (1997)

2.1. Köpfchen- und Knöpfchenspiele

In den 80ern, als die Spielevielfalt noch nicht so groß war, unterschied man zwischen den Köpfchen- und Knöpfchenspielen.

Unter Knöpfchenspielen verstand man all' jene Spiele, die großes Reaktionsvermögen, ein hohes Maß an Geschicklichkeit und eine hohe Konzentrationsfähigkeit erforderten.
(Schell 1997, S. 75)

Köpfchenspiele waren alle Spiele, die kognitive Leistungen, also das Denken beanspruchten.
(ebd., S.76)

Heutzutage ist diese Einteilung zu ungenau, da die meisten Spiele beide Elemente verbinden.

2.2 Computerspieldifferenzierung unter dramaturgischen Gesichtspunkten

Wenn man Computerspiele nach ihren Aufgabestellungen bzw. nach der Dramaturgie eines Spiels betrachtet, wird immer noch die Klassifikation von Fehr und Fritz (1993) herangezogen. Sie unterteilen die Spiele wie folgt:

2.2.1 Abstrakte Denk- und Geschicklichkeitsspiele

In abstrakten Szenarios müssen Figuren oder Formen gestapelt und ineinandergefügt werden oder über schwieriges Terrain gelenkt, Gewinnpositionen erreicht oder Denkaufgaben gelöst werden.

Hierunter fallen alle Spiele, die nicht nur kognitives Denken, sondern auch ein hohes Maß an Geschicklichkeit erforden. (Fritz/Fehr 1993, S.?)

2.2.2 Actionspiele

Darunter können alle Kampf-, Kriegs- und Ballerspiele, aber auch Jump'n-Run-Spiele zusammengefasst werden. (Fritz/Fehr 1993)

Drohlshagen (1999) unterscheidet hierbei nochmals:

3D-Shooter oder auch Ego-Shooter
Ein Spieler übernimmt die Rolle eines Einzelkämpfers (meist in der Ich-Perspektive), der sich durch ein Labyrinth von Gängen kämpfen muss. Dieses Genre lebt von gewaltreichen Spielhandlungen und einer sehr realistischen Grafikdarstellung. Die Spielhandlung besteht aus dem Sammeln immer mächtiger werdenden Waffen, mit den ein Gegner noch effektiver getötet werden kann. (Drolshagen 1999, S. 17f)

Jump'n-Run-Spiele
Jump'n Run bedeutet übersetzt "springen und laufen", was das Spielprinzip dieser Art von Computerspielen prägnant beschreibt. "Donkey Kong" ist der Urtyp dieses Genres. Der Spieler steuert den Protagonisten über Abgründe, schwingt bzw. springt über Hindernisse um Extrapunkte oder Extra-Waffen aufzusammeln oder gar schlichtweg zu überleben. Bekannt ist dieses Genre durch das Spiel "Super Mario Brothers" geworden. (ebd., S. 103ff)

2.2.3 Simulationen

Simulationen
Simulationsspiele beinhalten sehr verschiedene Bereiche. Zum einen

gehören dazu die Wirtschafts-, Gesellschafts- und Weltsimulationen (Götterspiele).

Einen zweiten Bereich bilden die unterschiedlichen Fahrzeugsimulationen (Auto-/Flugzeug), und ein dritter Bereich die unzähligen Sportsimulationen. (Fritz/Fehr 1993)

2.2.3.1 Wirtschaftssssimulationen

In dieser Art von Spielen wird das ökonomische Wachstum einer Zivilisation in den Mittelpunkt gestellt. Ziel der Spiele kann es z. B. sein, eine Stadt zu entwickeln oder eine Familie zu versorgen. (Sim City, The Sims) Hierbei sind die Fähigkeiten eines Managers gefragt. (Drolshagen 1999, S. 15)

2.2.3.2 Fahr-, Flug- und Schifffahrtssimulationen

Bei dieser Art von Simulationen werden besonders die motorischen Fähigkeiten des Spielers abverlangt. Es gilt seiner Fahrzeuge exakt um eine Kurve zu steuern, sein Flugzeug zu landen bzw. einen Hafen anzusteuern. (z. B.: MS Flugsimulator oder Need for Speed) (ebd., S. 14)

2.2.4 Adventures

Bei diesen Spielen schlüpft man in die Rolle eines Protagonisten aus einer komplexen Spielgeschichte. (Fritz Fehr 1999)

Das Adventure entstand ursprünglich als rein textbasierendes Spiel. Ein kurzer Text beschrieb die Umgebung und mittels Eingabe von Befehlen konnte man den weiteren Spielverlauf bestimmen. (Beispiel: Mystery House)

Das Spielprinzip ist heute immer noch das gleiche, allerdings ist jetzt alles komplett grafisch animiert und teilweise sogar mit Sprachausgabe garniert, so dass es immer näher an den interaktiven Spielfilm herankommt. (Beispiele: Indiana Jones, Monkey Island, Day of the Tentacle, etc. ...)

In solchen Spielen, gilt es bestimmte Aufgaben und Rätsel zu lösen. Hierfür ist die Kombinationsgabe des Spielers gefördert. (Drolshagen 1999, S. 14)

2.2.5 Strategiespiele

Strategiespiele haben zumeist militärische Inhalte. Vergleichbar dem Schachspiel geht es um die richtige Positionierung von Waffen und Personal. (Fritz/Fehr 1993)

Auch hier kann man wieder zwischen zwei Typen unterscheiden:

2.2.5.1 Turn-Strategiespiel

In Strategiespielen, die im Turnmodus gespielt werden, kann man sich für jeden Spielzug beliebig lange Zeit lassen. Man hat eine gewisse Anzahl von Zügen zur Verfügung, kann diese in Ruhe durchführen und beim Beenden der Züge ist der Gegner (Mensch oder Computer) an der Reihe. Hierbei sind natürlich strategisch, vorrausschauende Fähigkeiten gefragt.

2.2.5.2 Echtzeitstrategiespiel

Im Gegensatz zum Turnmodus sind hier alle Spieler (Mensch oder Computer) gleichzeitig am Zug. Alles passiert in Echtzeit. Der Spieler muss seine strategischen Fähigkeiten unter Zeitdruck und Schnelligkeit unter Beweis stellen. (Beispiele: Age of Empire, StarCraft, etc. ...) (Drolshagen 1999)

2.2.6 Rollenspiele

Rollenspiele sind als Gruppenerlebnisse beliebt. Dabei können die Rollen nach verschiedenen Charakteren mit speziellen Fertigkeiten ausgewählt werden. Der Charakter gewinnt für gewisse Aufgaben an Erfahrung und kann bei Erreichen einer neuen Erfahrungsstufe seine Fertigkeiten verbessern. Dadurch erhöhen sich charakterspezifische Handlungsmöglichkeiten. (Fritz/Fehr 1993)

Sehr beliebt sind Rollenspiele, die in Fantasiewelten a la J. R. R. Tolkien (Herr der Ringe) stattfinden. Man kann in die Rolle von Magiern, Kriegern, Elben, Zwergen, etc. schlüpfen und gegen Drachen und finstere Mächte antreten.

2.2.7 Sonderformen

2.2.7.1 Lernspiele

Diese dienen dazu, meist schulische Inhalte spielerisch zu vermitteln, so dass man Spaß am Lernen entwickelt. (Fritz/Fehr 1993)

Diese Spiele sind auch unter dem Begriff Edutainment - Software bekannt.

Das Wort "Edutainment" setzt sich zusammen aus den Worten "Education" und "Entertainment". Neben einem Unterhaltungsangebot für Kinder soll einerseits spielerisch der Umgang mit dem Computer gelehrt werden und andererseits etwas Lehrreiches vermitteln. (Fritz 1997, S. 103ff)

2.2.7.2 Pädspiele

Päd-Spiele versuchen, den Spaß an Computerspielen für die Vermittlung allgemeiner pädagogischer Inhalte zu nutzen. Themen wie "Aids" oder "Rechtsradikalismus" werden via Computerspiel thematisiert. (Schell 19997, S. 77)

2.2.7.3 Pornografische Spiele

In diesen Spielen schlüpft man in die Rolle eines "Helden", vergleichbar dem eines Pornofilmes.

Es wimmelt in diesen Spielen nur von Frauen, die sofort - sofern man gewisse Aufgaben erfolgreich gelöst hat - zu Striptease und sexuellen Handlungen bereit sind.

Viele dieser Spiele haben mittlerweile Filmqualität. (Schell 1997, S. 77)

2.2.7.4 (Neo-)Nazistische Spiele

Diese Spiele sind überwiegend grafisch schlecht animierte und von Rechtschreibfehlern strotzende primitive Frage- und Antwortspiele (Multiple-Choice-Verfahren) im Nazi-Jargon. (Schell 1997, S. 77)

2.2.7.5 MUDS

MUD ist ein Wortspiel. Es bedeutet aus dem Englischen übersetzt "*Morast*" und ist die Abkürzung für "*Multi User Dungeons*", inzwischen auch "*Multi User Dimensions*".

Die ersten von ihnen entstanden in den 70er Jahren. Hunderte von Spielern gleichzeitig können in dieser Art von Spielen via Internet herumwandern und miteinander kommunizieren.

Es handelte sich zunächst um Spielewelten angelehnt an J. R. R. Tolkiens Werk "*Der Herr der Ringe*". Ähnlich den Rollenspielen schlüpft man in die Rolle von Magiern, Krieger etc. um Monster zu töten, Rätsel zu lösen und Erfahrungspunkte zu sammeln.

Mit der Zeit entstanden hunderte von Varianten dieses zu Anfang noch rein textbasierten Spieles. Sei es als Kadett auf dem Raumschiff Enterprise oder in den Straßen Londons angelehnt an Sherlock Holmes.

1989 enstand in den USA ein besonderer MUD. Ein sogenannter TinyMUD. Die Besonderheit an diesem MUD war, dass es keinerlei Waffen, Kampfsystem, Monster oder ähnliches gab. Ziel dieser "*sozial-orientierten*" MUDS war es, in einer virtuellen Umgebung zu interagieren und gemeinsam eine virtuelle Welt zu gestalten. (Schindler 1997, S. 137)

2.3 Computerspieldifferenzierung nach inhaltlichen Schwerpunkten

Johannes Fromme und Melanie Gecius ordneten 1997 bei ihren Untersuchungen die Computerspiele nach inhaltlichen Schwerpunkten. Sie übernahmen die Kategorien, die bereits von dem Institut Jugend Film und Fernsehen (JFF) im Jahre 1993 in Bezug auf Zeichentrickserien erstellt wurden.
(Fromme/Gecius 1997, S. 127)

2.3.1 Gerechte Kämpfe

Bei diesen Spielen gibt es nur "schwarz" oder "weiß". Das "Gute" bekämpft das "Böse".
Man begibt sich in die Rolle eines Einzelkämpfers, der nichts Geringeres zu tun hat, als die Welt vor bösen Mächten zu retten. Getreu nach dem Motto: "Einer gegen alle".

Das brutale Vorgehen der Helden wird durch eine übermenschliche Bedrohung der Welt legitimiert.
(Fromme/Gecius 1997, S. 125)

2.3.2 Gefährliche Missionen

Diese Spielform ähnelt sehr stark den gerechten Kämpfen. Jedoch steht nicht der Kampf allein gegen alle an oberster Stelle, sondern einen Auftrag zu erfüllen, wie zum Beispiel eine Prinzessin bzw. einen guten Freund zu befreien oder einen Schatz zu finden.

Die Missionen sind oft mit einer Reise durch verschiedene Welten oder Regionen verbunden, in denen unterschiedliche Teilaufgaben zu erledigen sind. (Fromme/Gecius 1997, S. 125)

2.3.3 Abenteuerliche Missionen

Anders als bei den gefährlichen Missionen sind hier Kämpfe bzw. kriegerische Handlungen gar nicht gefragt. Es sind Abenteuer, die mit Geschick, Kombinationsgabe, Logik und Phantasie zu bestehen sind.

Auch hier hat der Protagonist verschiedene Welten bzw. Regionen zu durchreisen und muss verschiedene Teilaufgaben bewältigen.
(Fromme/Gecius 1997, S. 126)

2.3.4 Bewegter Alltag

Diese Spielform hört sich zunächst unspektakulär an, aber Vertreter dieses Genres wie z. B. die Sims sind sehr beliebt.

Die Handlung ist schnell erklärt. Sie spielt in (vermeintlich) alltäglichen Situationen mit alltäglichen Problemchen, Abenteuern und Ereignissen. (Fromme/Gecius 1997, S. 126)

2.2.5 Sportlicher Wettkampf

Im Mittelpunkt dieser Spiele steht die Welt des Sports. Es werden keine Geschichten erzählt, sondern Trainingseinheiten und Wettkämpfe absolviert. (Fromme/Gecius 1997, S. 126)

2.2.6 Vom Tellerwäscher zum Millionär

Bei diesem Spiel kann man seinen Traum von wirtschaftlichem Erfolg verwirklichen, sofern man seine Managerfähigkeiten trainiert. Bei dieser Art von Spielen fängt man ganz "unten" in einem Wirtschaftsunternehmen an, mit dem Ziel, sein eigenes Imperium aufzubauen. (Fromme/Gecius 1997, S. 126)

3.0 Die Figuren im Computerspiel

Ähnlich wie im klassischen Roman oder Spielfilm gibt es auch im Computerspiel...

- ... einen Helden.
  "Dies sind die - meist zu steuernden - Hauptfiguren der Spiele, die die ganze Zeit anwesend sind und die gestellten Aufgaben meistern müssen. Unterscheiden lassen sich dabei Figuren, die ...
  a) ... zufällig, versehentlich oder jedenfalls unerwartet in eine Geschichte hineinschlittern.
  b)... bereits als Helden etabliert sind und eine neue Aufgabe freiwillig bzw. ganz selbstverständlich übernehmen. In dieser Rolle gibt es mehr männliche als weibliche Figuren."
  (Fromme/Gecius 1997, S. 130f)

- ... einen Gegenspieler.
  Sie dienen als Gegenstück zu den Helden und bringen durch ihre (bösen) Taten oder Pläne das Spiel oft erst in Gang. Sie sind vom Spieler nicht steuerbar, liefern mit ihrer Boshaftigkeit den zumeist notwendigen, ausreichend begründeten Hintergrund des bevorstehenden Abenteuers und / oder Kampfes. (ebd.)
  "Manchmal kommt es am Spielende zu einem entscheidenden Kampf zwischen dem Helden und seinem Gegenspieler, aber häufig bleibt der Oberböse auch am Leben, so dass Fortsetzungen der Abenteuer möglich sind. Auch die Konkurrenten in Sportspielen oder Wirtschaftssimulationen fungieren als Gegenspieler, auch wenn die Regeln der Auseinandersetzung andere sind. Es dominieren in diesen Funktionsrollen eindeutig männliche Figuren." (ebd.)

- ... Freunde und Helfer.
  "Sie stehen dem Helden mit Rat (und manchmal auch Tat) zur Seite. Meistens sind sie nicht steuerbar und tauchen auch nur punktuell im Spiel auf. [...] In einigen Fällen werden sie aber auch zu ständigen Begleitern. In einzelnen Spielen sind die Begleiter der Helden ebenfalls steuerbar, so

dass sie fast auf der gleichen Stufe wie diese stehen. Im weiteren Sinne können auch die Angehörigen eines Unternehmens als Helfer der Hauptfigur (bzw. des Spielenden) betrachtet werden." Hier finden sich sowohl männliche als auch weibliche Figuren. (ebd.)

- ... hilfsbedürftige Freunde und Freundinnen.
  Die klassischste Figur dieses Typs ist die entführte Prinzessin, die vom Helden gerettet werden muss. Es tauchen tendenziell wesentlich mehr hilfsbedürftige Frauen als Männer auf. Ausnahmen, wo die Rollenverteilung genau umgekehrt ist, gehört z. B. Marko in Kyrandia II, der des öfteren die Hilfe der zu spielenden Heldin Zanthia braucht. Befreite Freunde und Freundinnen begleiten den Helden gelegentlich. (ebd.)

3.1 Heldentypen

(nach Johannes Fromme & Melanie Gecius 1997, S. 131f)
3.1.1 Männliche Helden
Martialische Einzelkämpfer
Alle Probleme werden ausschließlich mit Gewalt gelöst.

Erfahrene Abenteurer
Kompetent, klug und gelassen wagen sie sich an das Abenteuer heran. Sie gehen aber auch gewalttätigen Konflikten nicht aus dem Wege.

Auserwählte Nachwuchshelden
Sie sind jung und unerfahren. Ihre Bestimmung ist es, ein großes Abenteuer zu bestehen.

Clevere Kerle
Alle Aufgaben werden selbstbewusst und mit Überlegung und Geschick gelöst. Sie reden viel mit anderen Leuten und wissen, wie man Gewalt aus dem Wege gehen und Probleme mit anderen Mitteln lösen kann.

Sympathische Chaoten
Sie sind eher tollpatschig und schlittern völlig unerwartet in ein großes Abenteuer. Eine Variante dieses Typs ist der ewige Verlierer, der ebenfalls etwas tollpatschig ist und in jedes Fettnäpfchen tritt, das auf seinem Weg.

Kühle Strategen & Planer
Diese Art von "Helden" steuern komplexe ökonomische, militärische oder andere Abläufe. Ihr Ziel: Sich 'ganz nach oben' arbeiten zu wollen. Diese Figuren treten vor allen Dingen in Simulationsspielen auf, z. B. in den Wirtschaftssimulationen.

3.1.2 Weibliche Helden

Freche & wehrhafte Mädchen

Sie wachsen mit ihren Aufgaben und sind nicht auf männliche Hilfe angewiesen.

Clevere Frauen & Mädchen

Sie agieren selbstbewusst und nehmen ihr Schicksal selbst in die Hand.

Martialische Kämpferinnen

Sie entsprechen voll und ganz den kämpferischen Zügen ihrer männlichen Kollegen. Allerdings haben sie äußerlich sehr starke weibliche Züge, wie z. B. breite Hüften, eine schmale Taille, lange Haare und eine große Oberweite, wie z. B. Lara Croft in Tomb Raider.

4.0 Geschichte der Computerspiele

In diesem Kapitel gebe ich einen groben Überblick über die Entstehungsgeschichte der Computerspiele.

Für ausführlichere Informationen empfehle ich folgende, wunderschöne und rundherum gelungene Website:
[www.8bit-museum.de]

Oktober 1958:
Pong, so hieß das erste Computerspiel. Entwickelt wurde es von dem Physiker Willig A. Higinbotham (1911 - 1995). Er war im Nuklear-Forschungslabor in Upton (New York) tätig. Eines Tages bemerkte er an einem "Tag der offenen Tür", dass sich die Besucher langweilten. Also entwickelte er auf einem Oszilloskop ein (primitives) Tennisspiel.

1971:
Der erste Videospielautomat wurde von dem Elektrotechnikstudenten Nolan Bushnell gebaut. Das erste Spiel hieß "Space Wars", bei dem man feindliche Raumschiffe abschießen musste. Keine Firma war bereit, Geld in diesen Automaten zu investieren, so gründete er die Firma ATARI. Erfolge wie Pong (ebenfalls ein Tennisspiel) und später Donkey Kong folgten.

1972: Das erste textbasierte PC-Spiel wurde an der Universität von Massachusetts entwickelt. Im ARPA-Net (der Vorgänger bzw. Grundbaustein des Internet, ein Computer-Netz, das z. Zt. des kalten Krieges vom Militär entwickelt wurde, um im Falle eines Atomschlages, dennoch ein funktionierendes Kommunikationssystems zu haben) verbreitete sich das Spiel "Hunt the Wumps".
"In dem Spiel muss man herumlaufen und ein System von zusammenhängenden Höhlen erforschen. Man selbst ist nur mit fünf Pfeilen bewaffnet und sucht eine Kreatur mit Namen Wumpus, die ebenfalls dort umherstreift. Das Ziel ist, einen
    Pfeil in die Höhle mit dem Wumpus zu feuern." (Slabihoud 2001, http://museum.ruhr.de/docs/play4sta1.htm)

1977:
Die ersten "Spielkonsolen" wurden erbaut und regelrecht aus den Läden leergekauft. 1975 entwickelte die Firma ATARI den ATARI VCS 2600. Dort konnte man endlich bequem von zu Hause aus und ohne den

ständigen Einwurf von Münzen in die großen Spielautomaten, bequem vorm Fernseher spielen.

(Quelle: Slabihoud www.8bit-museum.de)

5.0 Beurteilungskriterien von Computerspielen

Was macht ein Spiel "pädagogisch wertvoll" und welches bedeutet eine Gefahr für die Jugend? Dieser Frage wird nun im Folgenden nachgegangen. Ziel ist es, eine Hilfestellung bei der Beurteilung von Computerspielen zu geben bzw. welche Kriterien es bei einer Beurteilung eines Spieles zu beachten gilt.

5.1 Wie werden virtuelle Spiele beurteilt?

Computerspiele lassen sich nach unterschiedlichen Perspektiven und Interessen beurteilen.

Folgender Orientierungsrahmen ist hierbei behilflich:

5.1.1 Spielbeurteilung im Sinne einer Produktbeurteilung

Diese Art von Spielbeurteilung findet man in den kommerziellen Spielezeitschriften. Hierbei wird die rein technische Qualität (Grafik, Sound, Animation etc. ...) und die spielerischen Möglichkeiten der Software getestet. Die Produktqualität steht hierbei im Vordergrund.

Im Klartext: Das Spiel gilt als gelungen, wenn die technische Qualität auf dem aktuellen Stand ist (z. B. realistische dreidimensionale Grafik) und ob es ausreichend spielerische Möglichkeiten bietet.

Die Produktbeurteilung ist die Voraussetzung für alle weiteren Beurteilungen.
(Fritz/Fehr 1997, S. 334)

5.1.2 Spielbeurteilung im Sinne einer Wirkungsbeurteilung

Hierbei wird untersucht, welche Wirkung von dem Spiel auf den Spieler ausgeht. Was es mit ihm macht bzw. wie sich der Spieler zum Spiel in Beziehung setzt.

Dies kann sowohl durch wissenschaftliche Forschung und Experimente, als auch durch Beobachtung und Befragung der Spieler untersucht werden.

Nicht das Spiel, sondern der Spieler steht bei dieser Art der Beurteilung im Vordergrund.
(Fehr/Fritz 1997, S. 334)

5.1.3 Spielbeurteilung im Sinne einer Werte und Normenbeurteilung

Bei dieser Beurteilung steht wiederum das Spiel im Mittelpunkt. Allerdings wird das Spiel mit dem Wert und den Normen der Betrachter beurteilt. Auf dem Hintergrund gemeinsamer Werte und Normen kann man sich auf einen Kriterienkatalog einigen, die es möglich machen, so zwischen "guten" und "schlechten" Spielen zu unterscheiden.

Dies hängt natürlich auch stark von dem Werte- und Normenbewusstsein der unterschiedlichen Nationen ab. In England z. B. ist die Gewalttoleranz (bezgl. Gewaltdarstellung in Medien) größer, als in Deutschland.
(Fehr/Fritz 1997, S. 334)

5.1.4 Spielbeurteilung im Sinne einer Gefährdungsabschätzung

Nach dieser Form arbeitet die BPjM - Bundesprüfstelle für jugendgefährdende Medien. Anhand von gesetzlichen Vorschriften, die besagen, wann ein Spiel "pädagogisch wertvoll" und wann "gefährdend" ist, wird das Spiel gewertet.

Nach den Vorschriften der BPjM gilt ein Spiel dann als "kinder- und jugendgefährdend", wenn "deren Inhalte geeignet sind, das körperliche, geistige oder seelische Wohl von Kindern und Jugendlichen zu beeinträchtigen oder Jugendliche sittlich zu gefährden." (Fehr/Fritz 1997, S. 334)

5.1.5 Spielbeurteilung im Sinne einer Altersaneignung

Hierbei wird überprüft, für welche Altersgruppe das Spiel besonders "gut" (bzw. "schlecht") geeignet ist. Diese Art von Spielebeurteilung ist besonders für Eltern interessant, da sie somit erkennen, ob das Software-Produkt für ihr Kind / ihren Jugendlichen altersgemäß geeignet ist.

Eine solche Beurteilung kann sich natürlich nicht auf bloße Gefährdungsabschätzung beruhen. Es muss auch geprüft werden, was dieses Spiel dem Kind / Jugendlichen (abhängig vom Alter) an "Positivem" vermittelt bzw. ob das Kind / der Jugendliche mit diesem Angebot umgehen kann.

Ebenso wird bei dieser Form der Beurteilung überprüft, ob die Anforderungen bzw. der Schwierigkeitsgrad es Spiels dem Alter entsprechend ist, um zu vermeiden, dass der Jugendliche bzw. das Kind unter- bzw. überfordert ist.
(Fehr/Fritz 1997, S. 334)

5.1.6 Spielbeurteilung im Sinne einer Spielanalyse

In dieser Form der Spielebeurteilung werden die Hintergründe des Spieles überprüft. Sowohl der Spielinhalt als auch die Spieldynamik werden hierbei betrachtet. Es geht nicht mehr darum, nach "moralisch-ethischen" Werten zu suchen, sondern man stellt sich die Frage, worin die Faszinationskraft dieses Spieles liegt, in Bezug zur realen Welt.

Was bietet dem Spieler dieses Spiel, was er in der realen Welt nicht bekommt, (spielerisch) aber gerne hätte?
(Fehr/Fritz 1997, S. 334)

5.1.7 Spielbeurteilung im Sinne einer pädagogischen Eignung

Wann immer "Pädagogik" ins Spiel kommt, geht es um Ziele, die man erreichen möchte. Manche Ziele ergeben sich aus dem Inhalt des Spieles. Ein Spiel wie Sim City könnte benutzt werden, um Jugendlichen das Gebiet der Städteplanung näher zu bringen.

Auch "problematische Spiele" lassen sich sinnvoll einsetzten. Prügel-Spiele wie Virtua Fighter 4 könnten eingesetzt werden, um mit Jugendliche ins Gespräch mit ihren Gewalterfahrungen zu kommen. Dadurch könn(t)en den Spielern neue Blickwinkel bei der Einschätzung von Gewalt vermittelt werden.

Bei anderen Spielen, die sich im dreidimensionalen Raum wiederspiegeln (wie fast alle Spiele in der heutigen Zeit), könnten genutzt werden, um das räumliche Vorstellungsvermögen, Grundkenntnisse der Architektur und der Hand-Augen-Kombination zu schulen.
(Fehr/Fritz 1997, S. 334)

5.2 Nach welchen Kriterien werden Computerspiele beurteilt?

Nach dem nun folgenden Kriterienkatalog beurteilt die Bundeszentrale für politische Bildung in Zusammenarbeit mit der Fachhochschule und dem Jugendmedienschutz der Stadt Köln Computerspiele. Dabei werden die Theorien der Medienpädagogen Fehr und Fritz (2002) herangezogen.

- **Spielgeschichte und Spielforderung**
  Um was geht es bei diesem Spiel? Was muss man tun? Ist die Geschichte wichtig für das Vorankommen im Spiel oder nur Mittel zum Zweck?

- **Einstieg in das Spiel / Selbsterklärung**
  Wird man durch das Intro (= Vorspann) in das Spiel eingeführt? Benötigt man ein Handbuch oder wird der Spieler in die Möglichkeiten im Spiel herangeführt? Gibt es ein Tutorial (= ein Trainingsprogramm für das Spiel, das die wichtigsten Steuerungselemente schult)? Gibt es die Möglichkeit aus seinen Fehlern zu lernen?

- **Schwierigkeitsgrad**
  Ist der Schwierigkeitsgrad wählbar oder steigert er sich im Verlauf des Spiels?

- **Eingabegeräte**
  Spielt man das Spiel mit der Maus, der Tastatur, dem Joystick oder gar einem Lenkrad?

- **Stil des Spiels**
  Ist das Spiel kindlich, jugendlich oder martialisch, spaßig, ernst, düster oder farbenfroh?

- **Spielerische Qualität des Spiels**
  Ist das Spiel abwechslungsreich? Ist es spannend? Wie hoch ist die Belastung? Führt sie zum Stress?

- **Umsetzung des Spieleinhalts**
  Ist das Spiel übersichtlich? Stimmen Grafik, Sound und Musik überein?

- **Lernangebote und benötigte Fähigkeiten**
  Schult das Spiel dem Spieler irgendwelche Fähigkeiten? z. B.: Vorrausschauendes Denken, Sachverhalte überprüfen, sich bei Herausforderungen bewähren, Rechtschreibfähigkeiten, kooperatives Handeln, komplexes und folgerichtiges Denken, Auge-Hand-Koordination, Ausdauer, Frustrationstoleranz, reaktionelles Handeln.

- **Anzahl der Spieler und ihre Beteiligungsmöglichkeiten**
  Wie viele Spieler können mitwirken? Spielt man in Teams? Wird mit- oder gegeneinander gespielt? Spielt man zu mehreren an einem PC oder mit mehreren PC's über Netzwerk oder Internet? Sind bei Internetspielen (neben den Online-Kosten) zusätzliche Gebühren notwendig?

- **Transferprozesse, sowie Normen- und Werteangebote**
  Welche Norme und Werte vermittelt dieses Spiel bzw. welche Moral steckt dahinter? z. B.: Ist Schnelligkeit gefragt oder ein gefahrloses Fahren? Kann man seine Träume ausleben, seine Grenzen erproben? Ist verantwortliches Handeln gefragt oder gnadenloses Vernichten? Gibt es Spielanforderungen, die nur im Team zu lösen sind?

- **Charakterisierung des Genres und des Spielertyps**
  Zu welcher Kategorie von Computerspielen zählt es? Sind vielleicht verschiedene Spielarten darin enthalten?

- **Datenträger, Preis, Hardware**
  Für welches System ist das Spiel? Für den PC, MAC oder eine Spielkonsole? Wie viel Arbeits- und Festplattenspeicher benötigt der PC, welchen Prozessor, wie viel Megahertz (= Rechengeschwindigkeit des Rechners) zur flüssigen Wiedergabe des Spiels?

- **Alter**
  Für welches Alter ist das Spiel geeignet (hinsichtlich möglicher Aspekte der Gefährdung und in Bezug auf die erforderlichen Fähigkeiten)?

- **Erfahrungen und Empfehlungen**
  Ist dieses Spiel für Familien geeignet oder eher ein Spiel das Jungen oder Mädchen anspricht? Ist es ein Spiel das Bildung von Teams voraussetzt?

(Fritz/Fehr 2002, S. 8f)

6.0Warum spielt man – Gründe zum Computerspielen

Warum werden eigentlich Computerspiele gespielt? Was ist der Auslöser, was motiviert uns? Diesen Fragen wird im Folgenden, anhand einer Umfrage nach Misek - Schneider und Fritz (1995), nachgegangen.

Die größte Motivation ist, das Computerspiele meist "gute Gefühle" auslösen. Man möchte seine "schlechten Gefühle", wie z. B. Langweile, Ärger, Stress, Wut usw. durch die "guten", wie z. B. Erfolg, ablösen. Computerspiele können dies ermöglich. (Fritz / Misek-Schneider 1995, S. 212)

6.1 Langeweile

Schülerin, 12 Jahre alt: "Ja, wenn ich nicht weiß, was ich machen soll, spiele ich irgendetwas am Computer"
Schüler, 12 Jahre alt: "Ich spiele aus Langeweile, zum Beispiel, wenn es regnet, wenn man nicht raus kann."
(Fritz / Misek-Schneider, 1995, S. 89)

In den "Top Ten" der meisten Ursachen zum Spielen mit dem Computer ist Langeweile. Das Spiel dient zum Überbrücken von "Leerzeiten" - ähnlich dem Fernseher. Dieser Zustand wird oft als Zeitvergeudung beschrieben, in dem sich Menschen oft machtlos der "Zeit" ausgeliefert sehen. (ebd.)

Im Gegensatz zu der Zeit in der wir arbeiten, sportlich aktiv sind oder einer sonst ausfüllenden Tätigkeit nachgehen, vergeht die Phase der Langeweile nicht so schnell. Man kann ihr nicht entrinnen, da sie in dem Moment entsteht, wo man einfach nicht weiß was man tun soll. Es gibt nichts Annehmbares - also etwas "Sinnvolles" - zu tun. Das macht sie oft noch unerträglicher. (Fritz 1997f, S. 208)

Die "Rettung" für das Unerträgliche ist also - neben dem Griff zur Fernbedienung für den Fernseher - das Einschalten des Computers bzw. der Spielkonsole.

6.2 Stress und Ärger

Fritz und Misek-Schmidt's Befragungen (1995) ergaben, dass die Lust am Computerspielen u. a. auch durch Stress und Ärger ausgelöst wird.

Schüler, 12 Jahre: "Wenn ich geladen bin, z. B. mein Bruder ärgert mich so gern. Da hat der Spass dran, dann möchte ich ihm gerne eine reinhauen. Das darf ich ja nicht. Da kriege ich nämlich einen Anscheißer von meinen Eltern, weil der Arzt gesagt hat, dass man das unterlassen sollte. Dann gehe ich immer hin und mache den Computer an, und tack, tack, tack, weg sind sie. Dann stelle ich mir immer vor, das wäre Tobias. [...] Wenn ich vom Aggressionstrip zurückkomme, dann tue ich ein Denkspiel rein, damit sich das abbaut." (Fritz / Misek-Schneider 1995, S. 90)

Die Aggression gegenüber seinen Bruder wird durch das Spiel mit dem Computer abgelenkt; eine Art Ausgleich für seine Wut.
Neben dem Gefühl der Wut kann aber auch Stress bei Kindern und Jugendlichen entstehen. Sie suchen nach Ablenkung. Somit wird der Computer mit seiner Welt als Raum für die eigene Entspannung genutzt. Ganz wichtig hierbei ist, dass eine sog. Rahmenkompetenz vorhanden ist. D. h.: Dem Kind bzw. Jugendlichen muss klar sein, dass die Welt im Computer virtuell ist. Dort gelten ganz andere Regeln und Möglichkeiten, als in der realen Welt. Diese virtuelle Welt wird nur besucht, um die Belastungen der realen Welt für eine gewisse Zeit "zur Seite schieben" und sich dem Spiel hingeben können.

Der Spieler taucht ein, in die virtuelle Welt des Computerspiels, und fängt an, diese mit Leben zu füllen. Stellvertretend wir der elektronisch Held zu dem eigenen "Selbst" und die Aufgabe des Spieles, das Erreichen eines Ziels wird zur momentan wichtigsten Aufgabe des Computerspielers. (Fritz 1997, S. 209)

Es entsteht ein Leistungsgedanke. Schülerin, 16 Jahre: "Aber meistens, da denkt man auch: das musst Du jetzt schaffen! Dann mache ich es solange weiter, bis ich das geschafft hab'." (Fritz / Misek-Schneider 1995, S. 90)

Diese Anspannung, welche die spielenden Kinder und Jugendlichen erfahren, lässt sie vollkommen in die Welt des Computerspiels eintauchen und somit auch die reale Welt und eventuell deren Probleme und Belastungen vergessen. Sie konzentrieren sich voll und ganz auf die Anforderungen und die Aufgabe des Spiels. Sie lernen, den dort entstehenden Spielstress zu bewältigen und die Leistungsanforderungen locker aufzunehmen. Jürgen Fritz vergleicht dies mit dem späteren Kampf im Beruf, den Vorgaben und Vorstellungen des Chefs oder der Firma gerecht zu werden. (Fritz 1997f, S. 210)

NEGATIV: Ist das Spiel zu schwer, so kann aus dem Ehrgeiz, dass Spiel gewinnen zu wollen, auch zusätzlicher Frust entstehen. (ebd., S. 109)

6.3 Herausforderung / Ehrgeiz ... der Flow

Schülerin, 16 Jahre:
"[...] ich will irgendwann nicht mehr aufhören, ich will weiter. Ich weiß, dass ich irgendwann ans Ziel komme und dann nichts mehr zu lösen ist."

Der Ehrgeiz, sich dem Spiel zu stellen, sich mit seinen Aufgaben zu messen, treibt den Spieler voran. Jede geschaffte Aufgabe führt zu einer neuen noch schwierigeren Aufgabe, die erledigt werden muss. Nach dem Sieg ist vor dem Sieg. Der Computerspieler wird immer weiter herausgefordert und er nimmt diese Herausforderung meistens an. (Fritz / Misek-Schneider 1995, S. 209)

Dieser Prozess, von einer Handlung zur nächsten zu "fließen", bezeichnet man (nach Csikszentmihalyi) als "Flow". (Csikszentmihalyi 1992, S.59)

Befindet sich der Spieler einmal in dem Flow-Zustand ist er so sehr auf das Spiel konzentriert, so dass Handlung und Bewusstsein "verschmelzen". Der Spieler ist so sehr auf das Spiel vertieft, dass er seine Umwelt um sich herum vergisst. (Fritz / Misek-Schneider 1995, S. 211)

Student: "Wenn ich an meine eigenen Spielerfahrungen zurückdenke, kann ich dieses 'Flow' bestätigen. Wenn ich gerade in einem Computerspiel bin, vergesse ich Zeit und Umwelt. So passierte es schon mal, dass ich erst nach Beendigung eines Computerspieles feststellen musste, dass ich großen Hunger hatte oder dass schon mehrere Stunden vergangen waren." (Niebuhr 2002, S. 49)

Nach Fritz kann dieser Flow-Zustand nur erreicht werden, wenn ein Gleichgewicht zwischen Herausforderung und den eigenen Fähigkeiten besteht. Das heißt, die Anforderung an das Können des Spielers darf nicht zu hoch sein, da er sonst schnell frustriert ist. Zu einfach allerdings auch nicht, da er sich sonst unterfordert fühlt und das Spiel schnell langweilig wird. (Fritz / Misek-Schneider 1995, S. 212)

Idealerweise fängt das Spiel einfach an, so dass grundlegende Bedienungselemente des Spieles geschult werden. Der Schwierigkeitsgrad sollte sich dann allerdings kontinuierlich erhöhen.

Einige Spiele bieten auch an, einen Schwierigkeitsgrad am Anfang zu wählen, so dass Anfänger nicht überfordert und Profis nicht gelangweilt werden.

7.0 Gewalt im Spiel!?

- Machen Spiele gewalttätig?
- Stumpfen sie ab?
- Wie wirkt die Gewalt im Spiel auf den Spieler?

Diese und andere Fragen werden in diesem Kapitel behandelt.

- **Definition Gewalt**
  (nach Theunert 1997)
  Bevor wir über Gewalt im Spiel sprechen, müssen wir zunächst definieren, was Gewalt überhaupt ist.
  Ich habe mich für die Definition nach Helga Theunert (1997) entschieden, da diese meiner Ansicht nach am treffendsten ist.

- **Spielreiz gewalttätiger Spiele**
  (nach Fritz/Fehr 2002)
  Was ist der Reiz dieser Spiele?

- **Rahmungskompetenz**
  (nach Fritz/Fehr 2002)
  Verleiten Computerspiele zu Gewalttaten?
  - Alles eine Frage der Rahmungskompetenz

- **Umfrage:**
  Was denken Schüler zu Gewaltdarstellung im Computerspiel?
  (nach Drexler 2002)
  In der Augsburger Allgemeinen vom 11.12.2002 wurde eine Umfrage unter 800 Schülern im Landkreis Aichach-Friedberg ausgewertet. Initiiert wurde die Befragung durch den Kreisvorsitzenden des Lehrerberbandes BLLV und dem Rektor der Grundschule im Landkreis.

- **Computerspiele aggressivitätsfördernd?**
  (Medienpädagogischer Forschungsverbund Südwest 2000)

  Eine Studie der Universität Bochum aus dem Jahre 2000, die

mit Kindern / Jugendlichen zwischen 8 und 14 Jahren durchgeführt wurde.

- **Interview mit einem Entwickler von Gewaltspielen**
  (SPIEGEL 2003)
  Marco Evers vom SPIEGEL interviewt den Gewaltspiele-Entwickler John Romero über seine Verantwortung gegenüber der Jugend.

- **Resümee**
  Eine Zusammenfassung /Resümee meinerseits

7.1 Definition Gewalt

- **Physische und psychische Gewalt**
Physische Gewalt verletzt das Opfer am Körper. Die physischen Möglichkeiten des Betroffenen werden beschränkt.
Psychische Gewalt verletzt das Opfer im "Geist", d. h. die psychischen Möglichkeiten des Betroffenen werden beschränkt.

- **Personale und strukturelle Gewalt**
Personale Gewalt geht von einem handelnden Täter aus.

Strukturelle Gewalt geht von keinem einzigen Täter aus, sondern von einem System, in dessen Struktur das Opfer eingebunden ist.

- **Manipulation durch negative und positive Einflussnahme**

Gewalt durch negative Einflussnahme bedeutet, dass der Betroffene negativ sanktioniert, d. h. bestraft wird.
Gewalt durch positive Einflussnahme bedeutet, dass der Betroffene positiv sanktioniert, d. h. belohnt wird unter gleichzeitiger Androhung des Entzugs der Belohnung bei unerwünschten Verhalten.

(Theunert 1997, S. 126ff)

7.2 Reiz gewalttätiger Spiele

"Ein besonderer Reiz dieser Spiele liegt darin, dass der Spieler auf seinem Weg von Level zu Level immer mächtigere Tötungsinstrumente in seine virtuelle Hand bekommt: von einfachen Pistolen über Gewehre mit Zielfernrohr, Handgranaten, Panzerfäuste bis hin zu Lasergewehren und nuklearen Granatwerfern. Je wirkungsvoller die Waffen, desto eindrucksvoller die optischen und akustischen Effekte und damit die Steigerung des Gefühls der Wirkungsmächtigkeit beim Spieler."
(Fehr/Fritz 2002, S. 48)

7.3 Rahmungskompetenz

Die Rahmungskompetenz ist eine Eigenschaft, die entscheidet, wie "Erlebtes" in den Medien verarbeitet wird bzw. ob klar abgegrenzt werden kann, was virtuelle (Spiele-)Welt und reale Welt ist.

Das Massaker von Robert Steinhäuser am 26. April 2002 im Gutenberg-Gymnasium (ein Schüler erschoss einige seiner Lehrer, einen Polizisten und einen Mitschüler, anschließend sich selbst) ließ die Angst und somit die Diskussion wieder aufleben, ob gewalttätige Computerspiele das Gewaltempfinden von Kindern abschwächen und sie somit aggressiver machen.
(Focus 2002, Nr 19, S. 90 ff)

Beispiel: Ego-Shooter
Für viele war kurz nach Gutenberg klar, die Medien (und somit auch die Computerspiele) sind schuld. Die Tat erinnere an eine Figur aus Counterstrike, in der man in der Ich-Perspektive auf Leute schießt - "Killerspiele", wie sie Innenminister Beckstein nannte.
(Süddeutsche vom 29.04.2002, Bernd Graf)

Für die Mehrzahl der Spielerschar von Counterstrike ist das Spiel eine besondere Form von Sportspielen, bei denen es auf Geschicklichkeit, Schnelligkeit, Reaktionsvermögen und taktisches Geschick (im Team) ankommt. Wer schneller schießt und besser trifft, gewinnt. (Fehr/Fritz 2002, S. 48)

Das, was sie von der Spielewelt in die reale Welt mitnehmen, sind taktisches Geschick, Kommunkationsfähigkeit im Team und eine verbesserte Hand-Augen-Koordination, sowie schnelleres Reaktionsvermögen.
(Diplom-Pädagoge Prof. Dr. Jürgen Eilers, Jugendschutzbeauftragter der Stadt Papenburg 2001)

Allerdings besteht die Gefahr, dass es Spieler gibt, die sich mit der Figur des schießenden "Helden" so stark identifizieren, dass versucht wird, das Machtgefühl aus der Spielewelt in die reale Welt zu übertragen. Im Falle des Massakers von Robert Steinhäuser am Gutenberg-Gymnasium schwächten verschiedene soziale Faktoren seine Rahmungskompetenz, die zu einer unglücklichen Verkettung führte und zu der grausamen Tat veranlasst hat:

- Versagen in der Schule und bei anderen Prüfungen
- erhebliche, nicht aufgearbeitete Frustrationserfahrungen
- mangelnde Anerkennung
- emotionaler Stau
- Flucht vor den Herausforderungen seiner Umwelt
- Waffenbesitz und Erlernen des Umgangs mit Schusswaffen
- geringer Kontakt zum Elternhaus
- keine Freunde
- problematisches Schulsystem

(Fritz/Fehr 2002. S. 49)

7.4 Umfrage unter Schülern zum Thema Gewalt

Im Dezember 2002 wurden 800 Schüler im Landkreis Aichach-Friedberg zum Thema Gewalt in Computerspielen befragt. Initiiert wurde die Umfrage durch den Kreisvorsitzenden des Lehrerverbandes BLLV und den Rektor der Grundschule Aichach-Nord, Rupert Jung.
Das Thema war die Werteerziehung und dabei ging es auch um die Frage, ob die Schüler Gewalt in Computerspielen ablehnen.

Befragt wurden 800 Schüler im Landkreis im Alter von sieben bis achtzehn Jahren von der Grundschule bis zur Berufsschule.

Ergebnis: Die Schüler sehen an der Gewalt in Computerspielen kein Problem.
(Augsburger Allgemeine, Gerlinde Drexler, 11.12.2002)

Rektor Jung meint hierzu: "So denken Kinder in der Regel". Unter den Fachleuten gibt es über den Einfluss, den so genannte Gewaltspiele auf die Gewalt in der Gesellschaft haben, geteilte Meinungen. Nach Ansicht des Pädagogen Jung ist es aber auch zu simpel, einfach zu sagen, dass gewalttätige Computerspiele Kinder auch gewalttätig werden lassen. Er glaubt nicht, dass sie seelisch soliden und gut entwickelten Kindern schaden würden. „Da spielen auch Faktoren wie Familie, die Gesamtentwicklung des Kindes und das Selbstbewusstsein mit rein", sagte Jung." (ebd.)

7.5 Machen Computerspiele aggressiv? - Studie der Universität Bochum

Umfrage unter Schülern zum Thema Gewalt

"Psychologen der Ruhr-Universität Bochum haben in einer aufwendigen Studie nachgewiesen, dass Computerspiele die Aggressivität bei Kindern fördern und ihr Einfühlungsvermögen (Empathie) mindern. Zu dieser deutlichen Aussage kamen die Wissenschaftler in einer Studie, in der über einen Zeitraum von acht Monaten 153 Jungen und 127 Mädchen im Alter von 8 bis 14 Jahren untersucht wurden.

Den Kindern wurde in einem Versuchsraum eines von drei unterschiedlichen Spielen zugewiesen (ein gewaltfreies Spiel, ein leistungsthematisches „Problemlösespiel" und ein Kampfspiel). Anschließend wurden die Probanden mit einem Bildersatz konfrontiert, der 96 positive und negative Bilder enthielt. Mit einer Elektrode am Zeigefinger sowie einer Videokamera zeichneten die Forscher die Reaktionen der Kinder auf diesen Bildersatz auf.

Dabei haben die Wissenschaftler mit dem Spiel „Virtua Fighter" eines der vergleichsweise harmlosen Spiele untersucht. Trotzdem sank die Mitleidsfähigkeit (Empathie), die als wichtigster aggressionshemmender Faktor beim Menschen angesehen wird, deutlich gegenüber den jugendlichen Spielern, die mit gewaltfreien Spielen wie „Der kleine Prinz" oder „Zubinis" konfrontiert wurden.

Ergebnisse
Die Ergebnisse der Bochumer Forscher bestätigen viele der lange vermuteten, bislang aber nie nachgewiesenen Wirkungen vor allem von gewalthaltigen Computerspielen auf Kinder: Die Mitleidsfähigkeit (Empathie) der Kinder wird reduziert. Die Kinder, die „Virtua Fighter" spielten, reagierten deutlich ungerührter auf negative und belastende Bilder (zum Beispiel auf Menschen und Tiere in Not) und waren bereit, sich diese auch länger anzusehen.
Das zweite wichtige Ergebnis der Studie ist, dass die Eltern-Kind-Beziehung und die Einflussnahme der Eltern auf Spielverhalten und -auswahl für die Aggressionsbereitschaft der Kinder große Bedeutung haben. Bei der großen Mehrheit der Befragten findet aber eine solche Einflussnahme überhaupt nicht statt.

Der amerikanische Militärpsychologe Dave Grossman geht in seinem Buch „Stop Teaching Our Kids to Kill" (Random Press, New York 1999) noch weiter und stellt einen direkten Zusammenhang zwischen gewalthaltigen Computerspielen und den Massakern an amerikanischen Highschools der vergangenen Jahre her. Grossman, der lange an der Westpoint Academy gelehrt hat, weist darauf hin, dass Computerspiele mit denselben Mechanismen arbeiten wie die Simulationen des amerikanischen Militärs. Grossman bezieht sich auf Brutalo-Spiele wie „Quake II" und bezeichnet diese als Tötungssimulatoren, die die natürliche Hemmschwelle des Menschen, einen Artgenossen zu töten, abbauen. In eindrucksvollen Beispielen beschreibt Grossman, wie Computerspiele Kinder zum Killer machen: „Sie geben ihnen den Willen und die Fähigkeit zu töten an die Hand. Das einzige, was ihnen dann noch fehlt, ist die Waffe."

In Deutschland sind die Arbeiten des Amerikaners umstritten: „Grossman hat bis heute keinerlei empirische Beweise vorgelegt, er belegt seine Thesen nur mit Anekdoten", meint der Psychologe Clemens Trudewind von der Ruhr-Universität Bochum. Die von ihm und seiner Kollegin Rita Steckel vorgelegte Studie ist eine der ersten empirischen Experimente überhaupt, mit denen ein möglicher Zusammenhang zwischen Computerspielen und Aggression hergestellt wurde.

Vergleichbare Untersuchungen existieren bislang nur über die Wirkungsmechanismen gewalthaltiger Filme und Fernsehsendungen auf Kinder und Jugendliche.

Die Bochumer Forscher betonen die wichtige Rolle der Eltern beim Umgang mit Computern. Eltern sollten sich einmischen und auch einmal selbst die Spiele ihrer Kinder ausprobieren. In jedem Fall sollten sie wissen, welche Spiele ihre Kinder spielen und dafür sorgen, dass Computer und Fernsehen nicht das einzige Freizeitprogramm der Kinder sind."

(Quelle: WDR-Fernsehen 2000, Arne Birkenstock)

7.6 SPIEGEL-Interview mit dem Gewaltspiele-Entwickler John Romeros

(...)

SPIEGEL: Kritiker halten Ihre Ego-Shooter-Spiele für regelrechte Mord-Simulatoren. Macht Ihnen das zu schaffen?

Romero: Das ist lächerlich. Jeder weiß, dass Morden im echten Leben etwas Schreckliches ist. Wenn man im Spiel töten kann, dann bedeutet das nicht, dass man es in der Realität auch will. Wenn jemand in Wahrheit erschossen wird, dann macht es "klick" und jemand fällt um. Es gibt keine spektakulären Explosionen und so. Die Realität ist nicht so spannend.

SPIEGEL: Warum haben Sie überhaupt Menschen als Opfer in Ihren Spielen eingeführt?

Romero: Auf Bäume zu schießen ist nun mal langweilig, und in den achtziger Jahren schossen alle auf Zombies oder Aliens. Also habe ich für "Wolfenstein 3D" was anderes gesucht. Ich bin auf Nazis gekommen - das ist eine Sorte von Mensch, die zu erschießen nicht so richtig schwerfällt.

SPIEGEL: Bei den jugendlichen Serienmördern an Schulen wie in Erfurt oder Littleton wurden auch Ballerspiele gefunden. Zeigt das nicht, dass solche Spiele einen verheerenden Einfluss haben?

Romero: Diese Jungs hatten schon mentale Probleme, bevor sie an die Spiele kamen. Wenn es nicht diese Spiele gewesen wären, dann würde man jetzt Filme wie "Terminator" verantwortlich machen. Aber das ist eine Diskussion, die sich seit Jahrzehnten wiederholt. Was immer die Jugendkultur hervorbringt, wird von Älteren oft für gefährlich gehalten. Auch Comic-Hefte oder Rockmusik galten irgendwann als jugendgefährdend.

SPIEGEL: Gibt es Grenzen?

Romero: Ich würde kein Vergewaltigungsspiel machen. Wenn du jemanden vergewaltigst, dann bist du ein Bad Guy. Ein Spiel für Bad Guys kann keinen Spaß machen. So etwas würde sich auch nicht verkaufen.

SPIEGEL: Ihre Fans warten gespannt auf "Doom III", das Ihre Exkollegen produzieren. Wären Sie bei dem Spiel gern dabei?

Romero: Nein, ich bin froh, jetzt etwas Neues zu machen. Ich habe "Doom III" schon einmal testen können. Es ist enorm düster und wird echt cool. Aber es braucht noch einige Monate, bis es veröffentlicht wird.

INTERVIEW: MARCO EVERS

(Spiegel Nr. 11 / 10.03.2003)

7.7 Resümee / Fazit

Mir liegt es fern, eine allgemeingültige Antwort auf die Gewaltfrage in Zusammenhang mit den Computerspielen zu geben. Dennoch erscheint es mir an dieser Stelle wichtig, eine Zusammenfassung der unterschiedlichen Meinungen, die unter diesem Kapitel behandelt werden, zu erstellen. So, wie ich die unterschiedlichen Statements interpretiere.

Man darf keineswegs davon ausgehen, das jemand als psychische Hohlform vor seinen Monitor tritt, damit ein Computer schlimmste Bilder in ihn einflößt, wie in ein Gefäß. Diese Formulierung von Bernd Graf aus der Süddeutschen Zeitung vom 29.04.2002 fand ich äußerst treffend.

Wir alle wachsen auf, werden sozialisiert. Wenn man "behütet" aufwächst und die Möglichkeit gegeben wird, seine Rahmungskompetenz zu stärken, dann besteht meiner Meinung nach keineswegs die Gefahr, dass Computerspiele zu Gewalttaten inspirieren. Ein sozial gestärkter Jugendlicher kann sehr wohl zwischen dieser virtuellen (Spiele-)Welt und der realen Welt unterscheiden.

Die Bedingung für solch' eine Rahmungskompetenz ist der geschulte Umgang mit Medien. Dieser kann aber nur dadurch gelehrt werden, in dem man sich mit diesen Medien vertraut macht - Eltern und Kind gemeinsam! Dies erreicht man natürlich nicht durch das "Bewahren" seiner Kinder vor den gewalttätigen Medienangeboten. Kurz gesagt: Verbote dieser Spiele bringen nichts. Dadurch werden die Spiele nur noch faszinierender. Sie "illegal" zu besorgen als Raubkopie von Freunden, Klassenkameraden oder durch Tauschbörsen im Internet stellt keinerlei Problem dar.

Die Meinungen beider "Parteien" , also die der Eltern und der Kinder, müssen zur Sprache gebracht und respektiert werden. Deshalb nochmals die Forderung an alle Eltern, Lehrer, Pädagogen: Verschließt euch nicht davor, denn sonst verschließt ihr euch auch vor den Kindern bzw. Jugendlichen. Um nochmals mit den Worten von Bernd Graf von der Süddeutschen Zeitung zu sprechen: "Nicht die Spiele sind gefährlich, sondern mancher ihrer zutiefst gedemütigten Spieler"

Natürlich halte ich Computerspiele für gefährlich, wenn der einzige Sinn des Spieles die Gewalt ist. Beispielsweise wenn sie unbegründet stattfindet. Da teile ich die Meinung von Stephan Mathé, Mitarbeiter der Bundesprüfstelle für jugendgefährdende Medien: "Spiele, in denen man menschenähnliche Gegner vernichten muss, können auch verrohend wirken. Unbegründete Gewaltdarstellung stumpft in jedem Sinne ab." (Associated Press, 18.02.2003, 2:04 Uhr) Die Studie zur Gewaltwirkung an der Bochumer Universität bestätigt dies.

Mein zweiter Appell, diesmal an die Spielentwickler lautet: Stellt vernünftige Computerspiele her. Spiele mit guter Story, in denen Taktik, Kommunikation und das Lösen von Rätseln im Vordergrund steht sind gefragt. Gewalt sollte in Maßen und vor allem begründet angeboten werden. In einem Spiel, dass im Zweiten Weltkrieg spielt, muss natürlich Gewalt beinhalten, natürlich auch das Töten feindlicher Soldaten. Interessant wird das Spiel allerdings erst dadurch, wenn man auch seinen Kopf anstrengen muss. Z. B. wenn Taktiken entworfen werden müssen, um Wachen zu umgehen, Rätsel gelöst werden müssen etc. Von einem Spiel erwarte ich, dass es nicht nur meine Schnelligkeit fordert, sondern auch meine kognitiven Fähigkeiten anspricht.

Allerdings kann ich durch eigene Erfahrung dieser gewaltverherrlichenden Spiele, sei es durchs Selbstspielen oder durch Beobachtungen und/oder Befragungen der Spieler, ein wenig die besorgten Gemüter beruhigen. Spiele, die keinerlei Rätsel oder dergleichen beinhalten, bei denen es keine vernünftige Geschichte gibt, bei denen keine Taktiken gefragt sind sondern einfach nur das "Töten" von Menschen im Vordergrund steht, bei denen man "Unschuldige" ungestraft töten kann, sind schnell langweilig. Sie beinhalten keinerlei Reiz. Und in LAN-fähigen Spielen, wie z. B. Counterstrike, werden (virtuelle) "Amokläufer" schnell aus dem Verkehr gezogen. Denn mit denen zu spielen macht keinen Spaß und sie haben in der (virtuellen) Welt keine Chance.

Verbote wie sie Günther Beckstein (bayerischer Innenminister) und Edmund Stoiber laut der Süddeutschen Zeitung vom 29.04.2002 fordern, bringen nichts, denn "die Entwicklung hin zu digitalen Spielen, zu Computern [...] mag uns gefallen oder nicht. Die Kinder wollen sie, und man kann nicht nur verbieten. Man muss auch anbieten, etwas mit wertvollen Inhalten"

(Gabriele Lau vom Verein Medien Cluster Thüringen, Mittegründerin des Europäischen Zentrums für Spielforschung und -entwicklung in Erfurt, Thüringer Allgemeine 6.02.03)

8.0 Sinnvoll Spielen!?

- Wie kann man Computerspiele sinnvoll nutzen?
- Dienen Computerspiele einem pädagogischen Zweck?
- Bringen sie irgendeinen Nutzen für unsere Jugend?

Diese Fragen werden im Folgenden beantwortet.

8.1 LAN-Parties

Computerspiele werden dann besonders (sozial) interessant, wenn nicht der Spieler gegen bzw. mit dem Computer spielt, sondern zusammen mit anderen Spielern. Dies ist bei sogenannten LAN-Parties möglich.

LAN steht für Local Area Network. Mit diesem "lokalen Netzwerk" kann man sehr viele Computer über sogenante Netzwerkkarten verbinden. Bei den LAN-Parties finden sich im privaten Kreis im Schnitt 4-8 Jugendliche zusammen. Bei den kommerziellen sind es so an die 150 - 1500 Personen.
Eine gute Übersicht an aktuellen LAN-Partys bietet die Homepage der Computerspiele Sendung GIGA Games auf NBC.
Der   Link   lautet:
http://www1.giga.de/gigagames/lanplan/index_games_lanplan/

LAN-Parties können zwischen 24 Stunden und einer Woche dauern. Bei ihnen steht das gemeinsame Spiel im Vordergrund. Mittlerweile gibt es sogar richtige Wettkämpfe, bei denen dem Sieger Preisgelder in Höhe von 10.000€ und mehr winken.
Der Gemeinschaftsgedanke wird zusätzlich durch Spielgemeinschaften gestärkt, die sich selber als „Clan" bezeichnen.

Einziger Knackpunkt, dem manchem PädagogInnen sauer aufstoßen möchte, ist die Tatsache, dass es sich bei den Spielen meistens um EGO-Shooter handelt wie beispielsweise „Counterstrike" oder um strategische Schlachten wie in "WarCraft III". Problematisch für die Jugendarbeit sind meist die Inhalte dieser Spiele, da sie oft das brutale Töten von Gegnern zum Ziel haben und (in den meisten Fällen) gewaltverherrlichend sind.
    Die LAN-Parties geben Kinder und Jugendlichen die Möglichkeit, gemeinsam in die virtuelle Welt des Computerspieles einzutauchen und diese zu erleben. Ganz nach Wahl der Spiele kann gemeinsam oder im Wettstreit der „Flow" gespürt werden. Idealerweise in gewaltfreien Spielen ... sei es, wenn z.B. auf Rennstrecken der Formel 1 gegeneinander Rennen gefahren wird oder wenn gemeinsam eine Zivilisation aufgebaut und gegen andere verteidigt wird.

Für Eltern, PädagogInnen und Lehrer ist der anschließende Dialog mit den Kindern und Jugendlichen wichtig. Sie haben meist ein großes

Bedürfnis sich über das Computerspiel auszutauschen. Hierbei kann u. U. Lebenswelt von Kindern und Jugendlichen begegnet werden. Man erfährt ihre Gedanken und Gefühle, da die Inhalte der Computerspiele meist lebenstypisch gewählt werden.

(Niebuhr 2002, S. 75 ff.)

8.2 Edutainment - spielend lernen

8.2.1 Definition

Diese dienen dazu, meist schulische Inhalte, spielerisch zu vermitteln, so dass man Spaß am Lernen entwickelt.
(Fritz/Fehr 1993, S. ?)

Diese Spiele sind auch unter dem Begriff Edutainment - Software bekannt.

Das Wort "Edutainment" setzt sich zusammen aus den Worten "Education" und "Entertainment". Neben einem Unterhaltungsangebot für Kinder soll einerseits spielerisch der Umgang mit dem Computer gelehrt werden und andererseits etwas Lehrreiches vermittelt bekommen.
(Fritz 1997, S. 103ff)

8.2.2 Beispiel für politische Bildung: Toleranz

Neben der weit verbreiteten Lehrtrainingssoftware für Mathe, Englisch oder andere Fächer, gibt es mittlerweile auch Edutainmentsoftware für den politischen Bereich. So wurde in einem Deutschkurs einer elften Klasse von Hans-Peter Franz (Franz 2001, S. 119ff) ein Spiel mit dem Titel „Dunkle Schatten" eingesetzt, das im Rahmen einer Kampagne mit dem Motto „Fairständnis" entstand. In dem Spiel wird, wie in einem Adventure, die Rolle eines Jugendlichen übernommen. Dieser Jugendliche will in einer alten Werkstatt einen Jugendtreff aufbauen und muss sich mit einer Gruppe Rechtsradikaler auseinandersetzen. Diese schikanieren Ausländer und wollen den Jugendtreff sabotieren. Die Aufgabe des Spielers besteht darin, dies mittels Gesprächen mit den Computercharakteren und durch erfolgreiches Lösen von Rätseln zu verhindern.

Die Schüler bemängelten, dass eine gewisse Realitätsnähe fehle, da die Rechtsradikalen sich zu leicht mit Argumenten umstimmen ließen und auch die für Jugendliche oft legitime Lösung Gewalt nicht anzuwenden war. Zusätzlich sei das Spiel nur wie ein Film aufgebaut, in dem man lediglich einige Aufgaben lösen müsse, damit der Film weiterlaufe, so die Kritik der Jugendlichen.

8.2.3 Beispiel für ökonomische Bildung

Ein weiteres Spiel, das in der Schule zum Einsatz kam, war das Strategiespiel „Sim City 2000", in dem die Schüler in die Rolle eines Bürgermeisters schlüpften und die Geschicke einer Stadt in die Hand nehmen mussten. Durch geschicktes Einsetzen des Startkapitals von 20.000 DM musste die Stadt weiterentwickelt und sowohl Infrastruktur als auch Arbeitsplätze geschaffen werden. So konnten wirtschaftliche Zusammenhänge deutlich gemacht werden und die Jugendlichen konnten durch den nicht vorgegeben Spielablauf lernen, wie sich bestimmte Entscheidungen positiv oder negativ auf die Entwicklung der Stadt auswirken.

Diese Beispiele zeigen, wie die Themen Bildung und Computerspiele in Einklang gebracht werden können und welche Möglichkeiten sie bieten. Gerade Strategiespiele stellen für Jugendlichen einen Ansporn dar, sich mit der jeweiligen Situation auseinander zu setzen und lassen sie durch „Try and Error" den Aufbau von komplexen Wirtschafts- und Entwicklungssystemen verstehen.
Besonders wichtig bei Edutainmentsoftware ist, dass der theoretische Lernstoff in eine faszinierende Umgebung eingebaut wird, die den Jugendlichen das Gefühl des „Flow" geben kann.
(Franz 2001, S. 119ff)

8.3 Das Netzstadtspiel

Das Netzstadtspiel ist ein auf dem Internet basierendes Spiel (www.netzstadtspiel.de), bei dem sich unterschiedliche Jugendeinrichtungen oder Schulen anmelden, die gemeinsam in einer bestimmten Zeit Aufgaben zu lösen haben.

Zielsetzung des Projektes:

Die Spieler ...

... haben die Möglichkeiten die kreative Bildbearbeitung zu erproben.

... können Erfahrungen im Netz bei der Kommunikation mit anderen Gruppen sammeln,

... sollen andere Jugendliche zunächst durch den Austausch im Netz, später dann real kennen lernen.

... sollen ihren Stadtteil erkunden, sowie die eigene Einrichtung darstellen können.

Hier können die Kinder und Jugendlichen einerseits Medienkompetenz, wie z.B. die Bedienung von Grafikprogrammen, erlernen, sie treten aber auch in einen Dialog mit anderen Jugendlichen.

(Quelle: Netzstadtspiel.de)

8.4 Resümee / Grundlegende Regeln zum Computerspielen

Computerspiele - dies bemerkte schon Aufenanger - gehören in die Lebenswelt der Kinder und Jugendlichen. Wer sich vor den Medien, und damit auch von den Computerspielen verschließt, schließt sich somit aus dem Leben der Kinder und Jugendlichen aus. (Aufenanger 1997, S. 309 ff)

Wir leben im Medienzeitalter. Das heißt, um in unserer (industriellen) Gesellschaft nicht unterzugehen, benötigt man eine Medienkompetenz, die uns einerseits befähigt, kritisch mit Medien umzugehen, sie aber auch konstruktiv - sei es z. B. im demokratischen Sinne zur Meinungsäußerung - einzusetzen.

Dies erlernt man aber nur durch den Umgang mit Medien, zu denen auch die Computerspiele zählen. Statt Verbote auszusprechen, sollte man sich als Eltern, Pädagogen etc. überlegen, welche positiven Aspekte man aus dem Computerspielen ziehen kann.

Entscheidend ist, wie man Kinder / Jugendliche an den Computer heranführt und was gemeinsam am Computer getan wird. (http://www.eltern.de/familie_erziehung/erziehung/computer__4.html , 09.04.2003)

Im Kindesalter kann man z. B. zusammen mit dem "Zögling" Kinderspiel- und (spielerische) Lernsoftware einsetzen. (ebd.)

Ein paar grundlegende Regeln der Zeitschrift "Eltern":

Interessieren Sie sich dafür, was Ihr Kind spielt. Nutzen Sie den Computer nicht um Ihr Kind für ein paar Stunden "ruhig zu stellen". Begleiten Sie es bei seinen Erfahrungen mit dem Medium.

Suchen Sie gemeinsam Software aus. Achten Sie bei der Wahl darauf, welcher Spiel- oder Lernerfolg durch das Spiel erreicht werden soll.

Schauen Sie sich an, wie das Kind motiviert wird. Beim Lernen in der Schule gibt es nur ein Richtig oder Falsch. Löst aber ein Kind eine

Aufgabe am Computer, öffnet sich oft eine neue Welt und das Kind macht sich auf, sie zu entdecken. Das spornt an.

Fragen Sie sich auch, wie der Stoff aufbereitet wird: Gibt es beim Spiel eine Rahmenhandlung, bei der die Phantasie des Kindes aktiviert wird oder wird das Kind lediglich von einem langweiligen "Mathetrainer" begrüßt?

Achten Sie darauf, dass das Spiel nicht auf Zeit geht. Kinder brauchen ihr eigenes Tempo beim Lösen der Aufgaben.

Schauen Sie sich an, was das Kind während des Spieles frei wählen kann. Computer vermitteln Kindern das Gefühl, ernst genommen zu werden, wenn sie selbst aktiv entscheiden können, was sie spielen.

(http://www.eltern.de/familie_erziehung/erziehung/computer__6.html , 09.04.2003)

9.0 Schlussbemerkung

9.1 Was ich mit dieser Arbeit bewirken will

Computerspiele sind für Kinder und Jugendliche ein wesentlicher Bestandteil ihrer Freizeitgestaltung. Die Spiele sind ein Teil ihrer Lebenswelt. (Aufenanger 1997, S. 309)

Ich hoffe, ich konnte Sie als Eltern oder Pädagogen motivieren, sich mit den Computerspielen auseinanderzusetzen. Vielleicht ist es mir gelungen, Ihnen die Fähigkeit zu vermitteln, Computerspiele unter medienpädagogischen Gesichtspunkten zu beurteilen und einzusetzen.

Trotz oder gerade wegen der Ereignisse von Gewalttaten, die den Computer-/Videospielen zugeschrieben werden, sollten Sie wieder Mut haben. Durch Computerspiele werden aus Kindern keine Mörder. Diese Spiele zu verurteilen oder zu glorifizieren liegt mir fern. Mit diesem Werk sollen dem Betrachter die positiven Aspekte des Kinder- und Jugendkults „Computerspiel" verdeutlicht werden. Diese positiven Eigenschaften können dann in der Erziehung bzw. in der Kinder- und Jugendarbeit Anwendung finden.

Ich will deutlich machen, dass die Tabuisierung oder gar die Verwehrung dieser Spiele keinen Sinn macht. Mit diesem Verhalten wird eine unnötige Distanz zu Kindern und Jugendlichen geschaffen. Nur durch den Umgang mit Computerspielen kann eine Kompetenz erlernt werden, die befähigt, „gute" von „schlechten" Spielen zu unterscheiden bzw. Computerspiele „richtig" anzuwenden – die positiven Aspekte dieses Medium nutzbar zu machen. Die Zeiten der Bewahrpädagogik sollten nun endgültig vorbei sein.

9.2 Zu welchen Erkenntnissen ich während des Schreibens kam

Der Spieler kann im Extremfall durch Computerspiele vereinsamen. Folglich schwinden die sozialen Kontakte und der Auf- und Ausbau sozialer Kompetenzen wird beeinträchtigt.

Computerspiele können aber auch im Idealfall das Gegenteil bewirken. Bei „geschultem" Umgang können sie u. a. als Kommunikationsmedium genutzt werden. Durch die Spielmöglichkeit via Internet oder LAN hat man Möglichkeiten, andere Spieler über Regionen oder (industrielle) Länder hinweg, kenn zu lernen.

Das „Gemeinsame Spiel" erfordert Teamfähigkeit. Je nach Spiel müssen z. B. Taktiken abgesprochen und gemeinsame Lösungen gefunden werden.

„Spiele im Wettstreit" beinhalten das Trainieren von Fertigkeiten, sei es bei Autorennsimulationen oder „Mann gegen Mann" – Kampfspielen, die im Wettkampf gemessen werden können. In beiden Fällen wird u. a. die Kommunikationsfähigkeit und Teamfähigkeit trainiert und die Soziale Kompetenz gefördert.

Aber nicht nur das gemeinsame Spiel kann förderlich sein. Es gibt Computerspiele, die auch andere Fähigkeiten trainieren. Logik- und Strategiespiele bilden die kognitiven Fähigkeiten aus. Andere Spiele wiederrum schulen die Reaktionsfähigkeit und motorische Fähigkeiten (Hand-Augen-Koordination etc.). Durch den Einsatz von Edutainment-Software kann Wissen spielerisch vermittelt werden.

10.0 Quellenverzeichnis

Arzberger, H., Brehm, K. (1994). Computerunterstützte Lernumgebungen. Planung, Gestaltung und Bewertung. Erlangen.

Aufenanger, St. (1997). Computerspiele als Herausforderung für die politische Bildungsarbeit. In: Fritz & Fehr (Hrsg.), Handbuch Medien: Computerspiel - Theorie, Forschung, Praxis. Bonn (S. 309 ff.)

Baacke, D. (1994). Die 13-18jährigen. Einführung in die Probleme des Jugendalters. Weinheim, Basel, Hemsbach

Birkenstock, A. (2003). Machen Computerspiele aggressiv? Im Internet: http://www.wdr.de/tv/service/familie/inhalte/001213_2.html, 06.03.2003

Bonsiepe G. (1996). Interface. Design neu begreifen. Mannheim

Brinkbäumer, K. (2003). "Tot war er erst später". SPIEGEL Nr. 18, S. 42-46

Drexler, G. (2002). Schüler sehen in Gewaltspielen kein Problem. Im Internet: http://www.augsburger-allgemeine.de, 27.02.2003

Evers, M. (2003). "Vergewaltigung verkauft sich nicht". Gewaltspiele-Entwickler John Romero über seine Verantwortung für Amokläufe. SPIEGEL Nr. 11, S. 104

Fehr, W., Fritz, J. (1993). Videospiele und ihre Typisierung. In: Bundeszentrale für politische Bildung (Hrsg.), Computerspiele. Bonn (S. 67 ff.)

Fehr, W., Fritz, J. (2002). Virtuelle Gewalt in Spielewelten. medienpraktisch 3/02, S. 48 ff., Frankfurt/M.

Fehr, W., Fritz, J. (2002/2003). Welche Beurteilung von Computer- und Konsolenspielen hilft Eltern? In: Bundeszentrale für politische Bildung (Hrsg.), Spiel- & Lernsoftware pädagogisch beurteilt. Band 12. Köln (S. 7 ff.)

Fritz, J. (1997). Edutainment - Neue Formen des Spielens und Lernens? In: Fritz & Fehr (Hrsg.), Handbuch Medien: Computerspiel - Theorie, Forschung, Praxis. Bonn (S. 103 ff.)

Fritz, J., Misek-Schneider, K. (1995). Computerspiele aus der Perspektive von Kindern und Jugendlichen. In: Fritz, J. (Hrsg.), Warum Computerspiele faszinieren. Weinheim, München (S. 86 ff.)

Fröbisch, D. K., Holger, L. & Steffen, T. (1997). MultiMediaDesign. Das Handbuch zur Gestaltung interaktiver Medien. München, Kempten.

Fromme, J.,Gecius, M. (1997). Geschlechtsrollen in Video- und Computerspielen. In: Fritz & Fehr (Hrsg.), Handbuch Medien: Computerspiel - Theorie, Forschung, Praxis. Bonn (S. 121 ff.)

Gudjons, H. (1997). Pädagogisches Grundwissen. Überblick - Kompendium - Studienbuch. Bad Heilbrunn.

Lange, M. (2003). Das Netzstadtspiel. Im Internet: http://www.netzstadtspiel.de, 09.04.2003

Lück, W. (1996). Verändertes Lernen: eigenaktiv, konstruktiv und kommunikativ. In: Computer und Unterricht 23/1996, Velber (S. 5 ff.)

Niebuhr, M. (2002). Computerspiele im Kinderzimmer - welche Rolle spielen Computerspiele bei 12-16jährigen und welche Auswirkungen haben diese auf die Medienpädagogik? Diplomarbeit an der Philipps - Universität Marburg Fachbereich Erziehungswissenschaft SS 2002

Reich, K. (1996). Systemisch-konstruktivistische Pädagogik: Einführung in Grundlagen einer interaktionistisch-konstruktivistischen Pädagogik. Neuwied.

Scheer, J. (2003) Im Internet: http://www.eltern.de/familie_erziehung/erziehung/computer__4.html, 09.04.2003

Schell, F. (1997). Computerspiele. In: Hüther, Schorb & Brehm-Klotz (Hrsg.), Grundbegriffe Medienpädagogik. München (S.73ff)

Schindler, F. Wiemken, J. (1997). Doom "is invading my dreams". Warum ein Gewaltspiel Kultstatus erlangte. In: Fritz & Fehr (Hrsg.), Handbuch Medien: Computerspiel - Theorie, Forschung, Praxis. Bonn (S. 289 ff.)

Schulmeister, R. (1996). Grundlagen hypermedialer Lernsysteme. Theorie, Didaktik, Design. Bonn.

Slabihoud, St. (2003) Im Internet: http://www.8bit-museum.de, 28.03.2003

Theunert, H. (1997). Gewalt. In: Hüther, Schorb & Brehm-Klotz (Hrsg.), Grundbegriffe Medienpädagogik. München (S.126 ff.)

Thissen, F. (2001). Screen-Design Handbuch. Berlin, Heidelberg, New York, Barcelona, Hongkong, London, Mailand, Paris, Singapur, Tokio.

Vahl, K. (1999). "Gestatten? Ich bin der Tod!" Eine multimediale Sterbeaufklärung. Erfurt.

Walter, C. (2002). Games Odyssey - Dokumentarreihe von Carsten Walter. 3SAT.

Werning, R. (1998). Konstruktivismus. Eine Anregung für die Pädagogik!? In: Pädagogik 7-8/1998. Weinheim. (S. 39 ff.)

11.0 Weitere Titel des Herausgebers

11.1 Host me!? - Kindle eBooks erstellen und erfolgreich bewerben

In diesem Ratgeber aus der Host me!? - Reihe werden Sie erfahren, wie sie ihr Manuskript in ein eBook für Amazon's Kindle umwandeln, auf Amazon zum Verkauf anbieten und es erfolgreich bewerben können.
Sie werden erfahren, wie Sie ihren Text vorbereiten, ein ansprechendes Cover gestalten und möglichst viele potentielle Leserinnen und Leser bzw. auch Käuferinnen und Käufer erreichen.

Bei der Host me!? - Reihe handelt es sich um Ratgeber, die schnell, einfach, günstig und unkompliziert ein Thema bearbeiten. Der Ausdruck Host me!? stammt aus dem bayerischen und bedeutet so viel wie "Haben Sie mich verstanden?". Es ist sozusagen für den Fragesteller von hoher Wichtigkeit, dass sein Gegenüber keine offenen Fragen mehr hat, zu dem Thema allumfassend informiert ist und glücklich und zufrieden sein Tatwerk vollenden bzw. bestreiten kann. Genau dies ist auch das Anliegen der gleichnamigen Reihe.

http://www.amazon.de/Host-erstellen-erfolgreich-bewerben-ebook/dp/B00BLU0BOI

11.2 Gnom, unser – ein Fantasy Roman

Ein Mann, der sich für einen Gnom hält, befindet sich in ärztlicher Behandlung. Er gibt sich seinen Wahnvorstellungen hin und bemerkt, dass diese sein Leben ziemlich aufregend gestalten. In diesem Leben hat er eine Mission. Er muss verschiedene Parallelwelten, welcher unserer ähnlich ist, vor einem bösen Wesen namens CLEANER retten. Dazu trifft er auf Charaktere, die unterschiedlicher nicht sein können. Ausgestattet ist er mit einem Omeziometer, welches ihm ermöglicht, durch Raum und Zeit zu teleportieren. Dummerweise scheint auch dieses Omeziometer seinen ganz eigenen Willen zu haben ...

Hauptfiguren:
- Ilt, ein Gnom
- ein lebendig gewordener Baum ohne Namen
- Wald- und Wiesenexpertin Dr. Susan Popheila, indianischer Abstammung, perfekte Fährtenleserin, die versucht ihre indianischen Wurzeln auf Grund der Spiritualität zu vertuschen, um nicht als Wissenschaftlerin diskreditiert zu werden
- Bridget Kabolskiw, eine reizende, hocherotische aber leider auch neurotische Karrierefrau
- Ehrgeiziger Journalist Allen Fine, der seinen Traum, den Pulitzer-Preis zu erhalten, manchmal vergisst

http://www.amazon.de/Gnom-unser-ebook/dp/B009900RBO

11.3 Oh ... Gedichte

- Gedanken
- Gedichte
- Verworrenes
- Romantisches
- Nachdenkliches

http://www.amazon.de/Oh-Gedichte-ebook/dp/B00A9T6SUI

11.4 Bollock und die gräulichen Drei - echter Horror für Kinder und Möchtegern-Kinder

Mein Name ist Tom. Ich bin 9 Jahre alt und ein waschechter Junge. Ich habe vor nichts Angst, außer das ich von meinen Eltern oder gar von einem Mädchen 'nen feuchten Schmatzer kriege. Obwohl, wenn es dunkel ist und ich ein Knarren höre ...

... und meine Eltern hatten unrecht. Es gibt Monster, Dämonen, Gespenster u. v a. Ich habe einige getroffen. Es gibt fiese, böse und gemeine aber auch lustige, liebe und gutmütige. Die meisten sehen ihre Aufgabe darin, tatsächlich Angst und Schrecken zu verbreiten. Und das ist gut so. Es ist ihre Bestimmung. Sie wollen uns lehren, wie wichtig und schön Angst auch sein kann. Angst beschützt uns, macht uns auf Gefahren aufmerksam und beflügelt uns, Gefahren zu erkennen, evtl. zu beseitigen. Sie wollen uns motivieren, manche unnötigen Ängste zu überwinden. Woher ich das weiß? Nun, mein Leben änderte sich, als mich eines Nachts ein Bollock besuchte und ich ihn begleiten durfte. Es hat mein Leben schlagartig verändert, mich auf Angst vorbereitet ... und ja ... ich habe immer noch Angst ... und das ist gut so. Ich vermisse Bollock. Was ein Bollock ist? - Davon handelt diese Geschichte...

http://www.amazon.de/Bollock-die-gräulichen-Drei-Möchtegern-Kinder-ebook/dp/B00GMLX7YW

11.5 Host me !? - Let's Play Videos erstellen

In diesem Ratgeber aus der Host me!? - Reihe werden Sie erfahren, wie Sie Let's Play Videos aufnehmen, auf Youtube veröffentlichen und evtl. sogar mit Ihnen Geld durch eingeblendete Werbung verdienen können. Sie werden erfahren, wie Sie Ihr Computer- bzw. Videospiel aufnehmen, kommentieren, schneiden und auf YouTube publizieren.

Ber der Host me!? - Reihe handelt es sich um Ratgeber, die schnell, einfach, günstig und unkompliziert ein Thema bearbeiten. Der Ausdruck Host me!? stammt aus dem bayerischen und bedeutet so viel wie "Haben Sie mich verstanden?". Es ist sozusagen für den Fragesteller von hoher Wichtigkeit, dass sein Gegenüber keine offenen Fragen mehr hat, zu dem Thema allumfassend informiert ist und glücklich und zufrieden sein Tatwerk vollenden bzw. bestreiten kann. Genau dies ist auch das Anliegen der gleichnamigen Reihe.

http://www.amazon.de/Host-Lets-Play-Videos-erstellen-ebook/dp/B00FVSIRLK

11.6 eBooks für Kinder 1 & 2

Die beiden Vorgänger diese Kataloges findet Sie unter:
http://www.amazon.de/eBooks-für-Kinder-Tobias-Schindegger-ebook/dp/B00E9C28WS

12.0 Herausgegeben von:

Tobias Schindegger
Lindenweg 63

99867 Gotha

eMail: info@gugeli.de

http://www.amazon.de/Tobias-Schindegger/e/B0099NFGLC/

Titelbild: Tobias Schindegger

www.ingramcontent.com/pod-product-compliance
Lightning Source LLC
Chambersburg PA
CBHW061028050326
40689CB00012B/2730